# 우리 곁에 있는 꽃들

우리 곁에 있는 꽃들

초판 1쇄
2022년 9월 1일

글·그림 박강순

펴낸 곳 미디어줌
펴낸 이 박수정·박미화
디자인 박희정
등록 2011년 11월 18일 제 338-251002009000003호
주소 부산광역시 수영구 수영로 440, 6층
전화 051-623-1906
홈페이지 www.mediazoom.co.kr
이메일 mediazoom@naver.com

 ISBN 978-89-94489-63-6 03800

글·그림 박강순

mediazoom

# 차례

# 당신이 이름을 불러주면

당신이
들판에 피어있는 꽃 이름을 모르는 것은
다른 마을 사람들이
당신의 이름을 모르는 것과 같습니다
어디선가
낯선 곳을 걸을 때
누군가 당신의 이름을 불러준다면
기꺼이 미소 지으며
손을 내미는 것처럼

무심히 들에 핀 꽃들에게
당신이 다가가
이름을 불러준다면
기꺼이
미소 지으며
당신을 바라볼 것입니다

꽃과 당신의 눈이
마주치는 순간
깊은 정적 속에
온전한 조화로움이 찾아올 것입니다.

08

거문도 수선화

# 거문도 수선화

금잔옥대 선명한 거문도 수선화
절벽 아래 무리 지어 피었지
먼 백도가 아스라이 보이던 푸른 바다
꿈에서라도 달려가고 싶네.

현호색

# 현호색

참으로 부지런하여라
눈도 녹지 않은 이른 봄인데
벌써 피어났구나
푸른색, 분홍색, 보라색
너를 다 만나기엔
봄날이 짧기만 하네.

12

처녀치마

# 처녀치마

눈 속을 헤치고 피어나
잎이 거칠어진 처녀치마
녹의홍상(綠衣紅裳)은 아니지만
아름답구나.

대성쓴풀

# 대성쓴풀

하필이면 이름을 착각하리만치
깊은 산속에서 태어나
대덕쓴풀이 대성쓴풀이 되었네
이름이야
무어라 불러도 어떠랴
앙증맞은 네 모습은 변함이 없으니.

# 용장산성 금창초

삼별초가

마지막 머물렀던

육지의 끝 진도



허물어진 용장산성에

봄이 왔다고

금창초 햇빛 아래

꽃다발을 만든다

용장산성 금창초

그저 필부필녀로
소박하게 살고 싶었던 소망이
가장 낮게 땅에 엎드려
꽃으로 피어났다

한 줌의 흙
한 모금의 물

우리가 원하는 것은
아무 일도 없는 듯
조용한 하루일 뿐이다.

# 깽깽이풀

너무 아름다워 한 번 보면 잊을 수 없는 꽃
그래서 피해를 많이 보는 꽃
어디 가면 만나냐고 물어보아도
절대로 있는 곳을 가르쳐줄 수 없는 꽃.



깽깽이풀

홀아비바람꽃

# 홀아비바람꽃

하얀 모시적삼 입은 여인
바람기 많은 사내를 믿지 못하여
오늘도
산그늘 아래
그대를 바라만 보고 있다네.

22

금은화(인동초)

# 금은화(인동초)

풀이 아니라 나무인 것이
풀이라 이름 붙여서
향기로운 꽃으로 피어나니
긴 겨울을 견딘 보람이 있구나.

애기나리

# 애기나리

꽃인 것 같기도 하고
잎인 것 같기도 하니
누가 나를 꽃으로 보아줄까?
그래도
까만 열매 맺힌 것 보면
꽃은 이미 피었다 진 것이라고
기억해주세요.

# 큰구슬붕이

푸른빛이 도는 꽃봉오리
풀밭에 숨었구나
눈 밝은 사람에게만
봄이 오는 기쁜 소식 전해주려고.



큰구슬붕이

각시붓꽃

# 각시붓꽃

돌보지 않았는데도 귀하게 자란 듯
여왕처럼 화려하게 차려 입고
허리 반듯이 세우며
스스로 귀하게 피어나는 꽃.

매발톱

# 매발톱

고개를 숙이면
날카로운 매발톱 선명하게 보이지만
봄날을 밝히는
화사한 꽃잎
풀섶을 꽃으로 수를 놓네.

은난초

# 은난초

수줍어서 제대로 피지 못하는
반쯤 열린 꽃봉오리
봄이 그대에게 바치는
순결한 꽃다발이라네.

금낭화

# 금낭화

누구에게 주려고 만들었을까

붉은 주머니

나와 눈 마주치면 드리려고

행복 가득 찬 주머니

만들었어요.

# 큰꽃으아리

꽃이 너무 커서 으악



그 큰 꽃이 너무 아름다워서 으악

그 예쁜 꽃이 꽃잎이 아니고

꽃받침이라서 으악.

패랭이꽃

# 패랭이꽃

붉은 꽃잎에
날렵하게 가는 잎사귀
멋진 줄무늬까지 곁들여
숲속에서 가장 멋쟁이라네.

범부채

# 범부채

이파리는 부채를 만든 것 같고
꽃잎은 표범 같은 범부채
꼭 하루 동안 피었다가
꽃잎을 돌돌 말아 버리네
게으른 사람은 구경도 못하게.

병아리난초

# 병아리난초

이끼 낀 바위틈을 만나면 찾아보세요
그런 곳을 좋아한답니다
잎사귀는 하나뿐이에요
그저 모여서 살 뿐이지요
작고 작아서
그지없이 사랑스러운
내 이름은 병아리난초랍니다.

참좁쌀풀

# 참좁쌀풀

모처럼 입술연지 바르고

세상 구경 나온 시골아가씨

숲 그늘 아래

숨어 피어나네

korean loosestrife 라는

영어 이름을 가진 참좁쌀풀.

참으아리

# 참으아리

하얀 새가 날아가는 듯
초록 풀밭을 싱그럽게 수놓은
참으아리
희고 밝은 날개를 펼치며
어디로 날아가는가.

물매화

# 물매화

너무 부끄러워요

당신이 허리를 숙이지 않으면

나는 늘 숨어 있어 찾지 못할 거예요.

투구꽃

# 투구꽃

누구나
하나쯤 마음속에 독을 하나 숨기고 살지
그냥 먼빛으로 바라보면
한 포기 청초한 꽃
독도 다스리면
약이 된다네.

배초향(방아)

# 배초향(방아)

늦은 가을까지
진한 향기 품으며 피어나니
벌과 나비가 좋아하지 않으랴.

# 꽃무릇

하나씩 자세히 살펴보면 모아진 듯 흩어져
꽃처럼 보기도 어려운데
가을 숲 그늘 아래
붉은 세상을 만드는
무리 지어 피어나 아름다운 꽃.

해란초

# 해란초

어디에 사냐고 물으신다면

바닷가 모래톱

외딴곳에서

그대를 기다리고 있다고 답하리라.

순비기

# 순비기

해녀들의 숨소리와 함께 살아서
숨비기라고도 부르는
옅은 은빛 잎사귀
보랏빛 꽃망울
한 번 보면 잊기 어려운
모래땅을 지키는 순비기.

쑥부쟁이

# 쑥부쟁이

쑥 캐러 다니던 대장장이 딸은
사랑하는 청년을 기다리다
꽃이 되었지
어차피 이루어지지 않는 사랑이
애달픈 것
그래서 쑥부쟁이
가을 하늘 아래 애잔하구나.

광대나물

# 광대나물

어느 틈에 우리 안에 들어와 함께 살게 되었지만

이제는 너무 흔해서 한 식구가 되어버렸네

나물로도 먹고 약으로도 쓴다고 하니

그저 기특하구나.

좀씀바귀

# 좀씀바귀

잎도 작고

꽃도 작지만

줄기를 타고 어디든지

찾아간다네

따뜻한 봄이 왔으니

부지런히 그대를 찾아가리라.

달맞이꽃

# 달맞이꽃

달밤에 보면
둥둥 떠다니는 것 같은
노랑 달맞이꽃
꿈속에서도 나를 따라와
어둠을 밝혀주네.

개망초

# 개망초

빈 땅만 있으면
그곳이 어디라도 피어나는
그 강한 생명력
도시가 콘크리트로 가득 차면
너는 어디서 피어날까.

개나리

# 개나리

병아리가 종종거리며 따라가던

정겨운 개나리는 어디 가고

사시사철 피어나는

네 모습이

가끔은 낯설구나.

# 황매화

아파트 외진 담벼락에
봄이면 잊지 않고 피어나
세상을 환하게
밝혀주니
네가 하는 일이 아름답구나.

애기접시꽃

# 애기접시꽃

어머니가 끓여준 구수한 아욱 된장국

그리워라

작은 꽃이파리

펼치면

그 소박한 웃음

그리운 어머니 모습.

꽃댕강

# 꽃댕강

길가에 울타리로 살아가지만

이렇게 예쁜 꽃도 피기도 하니

그냥 지나쳐가지 말고

한 번쯤

내 얼굴도 보고 가세요.

분꽃

# 분꽃

어스름 저녁이면 피어나는 꽃
은은한 향기가 아름다운 꽃
어릴 때 따라다니던
이웃집 언니처럼
다정하고 믿음직한 꽃.

초롱꽃

# 초롱꽃

작은 초롱 하나 밝혀 들고
그대를 찾아가리라
내 모습 보이지 않아도
초롱 속에 흔들리는 내 마음은 보이도록
초롱불 높게 밝히고
찾아가리라.

마아가렛

# 마아가렛

희고 단정한 모습이
가던 길을 멈추게 하는 꽃
언제 보아도
순수한 맑은 얼굴이
조용히 미소 짓게 하는 꽃.

루드베키아

# 루드베키아

이 산중까지

어디서 따라왔을까

해바라기도 아닌 것이

해바라기처럼 피어

길가에 작은 태양을 만들어주네.

벌개미취

# 벌개미취

가을이 오는 것을

미리 알리려고

조금 일찍 피었어요

누구는 들국화라 부르지만

내 이름은 벌개미취예요

내가 피었으니

더운 여름도 이제 얼마 남지 않았지요.

코스모스

# 코스모스

초등학교 3학년 담임선생님이 좋아하는 꽃이라고

일찍도 알게 된 코스모스

가을 하늘 아래

하늘거리는 모습 볼 때마다

생각나는 예쁜 선생님.

박태기꽃

# 박태기꽃

언제나 사이좋게
옹기종기 모여서 피어나는 꽃
붉은 구슬인가
봄 햇살 아래 눈이 부셔라.

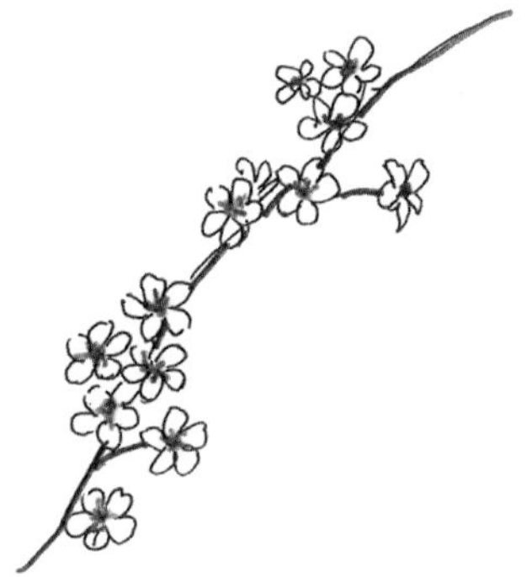

조팝나무

# 조팝나무

가만히 들여다보면
꽃잎 하나하나 얼마나 영롱한지
가지마다
진주알이 가득 맺혔네.

벚꽃

# 벚꽃

어둡고 추운 도시에
네가 없었다면
봄이라도 봄이라 할 수 있을까
풍성하고 화려하게
후회 없이 피었다 가는구나.

라일락

# 라일락

수수꽃다리라는 고운 이름 잃어버리고

먼 미국으로 건너가

Miss kim 이라는 이름으로

살아가는 우리 꽃.

복숭아꽃

# 복숭아꽃

고향을 생각하면 떠오르는 꽃
첫사랑 그녀가 생각나는 꽃
분홍빛 꽃망울 바라보면
그리움이 가슴을
치고 가네.

거미줄바위솔

# 거미줄바위솔

꽃이 피면 죽는다는 것을 알면서도
환하게 웃으며 꽃을 피운다.

# 나는 제비꽃이에요

나는 제비꽃이에요
풀숲에 피어나는 흔하디흔한 꽃이랍니다
무심히 지나치면 보이지 않지만
당신이 관심을 가지고 소중히 바라본다면
작고 앙증맞은 꽃이
보랏빛 수줍은 꽃잎을 흔들며
당신을 향해 미소를 보내지요



나는 당신이 가꾸지 않아도 피어난답니다
따뜻한 빛만 있으면
손 닿는 어디든 쉬지 않고 피어나지요
꽃샘바람에도 아랑곳없이
쉬지 않고
샘솟듯 피어나지요
오랑캐처럼
해마다 돌아온답니다

당신이 나를 만나지 못해도
햇빛 좋은 봄날이면
어딘가 피어있는 나를 기억해주세요
보이지 않아도
보이는 것보다 더 많이
사방 천지에 피어나서
넘치는 사랑으로
행복한 꽃이랍니다.